AF375831

CATALOGUE

D'UN CHOIX PRÉCIEUX

DE DESSINS ET ESTAMPES

DES PLUS GRANDS MAITRES,

Rassemblés avec soin par un Amateur étranger.

Dont la vente se fera le Jeudi 3 Février 1774 & jours suivans, de relevée, aux Grands-Augustins.

Le présent Catalogue se distribue chez le sieur BASAN, rue & Hôtel Serpente, chez lequel on pourra voir les objets pendant les deux jours qui précéderont ladite vente.

Et chez le sieur CHARIOT, Huissier-Priseur, quai de la Mégisserie.

A PARIS;

De l'Imprimerie de PRAULT, Imprimeur du Roi, quai de Gêvres.

M. DCC. LXXIV.

N. B. La plûpart des objets contenus
au préfent Catalogue, font d'une parfaite
confervation, tant dans la partie des
Deffins que des Eftampes.

CATALOGUE

D'UN CHOIX PRÉCIEUX DE DESSINS ET ESTAMPES

DES PLUS GRANDS MAITRES,

Raſſemblés avec ſoin par un Amateur.

Dont la Vente ſe fera le Jeudi 3 Février 1774, & jours ſuivans de relevée, aux Grands Auguſtins.

PREMIERE VACATION.

Du Jeudi 3 Février 1774.

DESSINS.

N°. 1 UNE compoſition de vingt figures re- 50
préſentant un Sacrifice, à la plume & au
biſtre, par P. Teſte; grandeur de 11 pouces
ſur 9 de haut.

2 La Nativité de N. S. ſujet en travers, orné 65

[4]

de douze figures, à la fanguine & au biftre,
par G. Laireffe ; 12 pouces fur 10 de haut.

16-1 3 Un moyen Payfage, lavé au biftre, & orné
de diverfes figures & animaux, par Both
d'Italie.

17-1 4 Deux Payfages en travers, au biftre, par H.
Werfchuring & Vander Ulft, enrichis de figures, animaux & ruines.

48 5 Deux petits Payfages de 6 pouces fur 4 de
haut, avec animaux & figures, faits à la
plume, par Herman Suanweldt.

30 6 Deux moyens Payfages à la pierre noire, &
lavés par Molyn.

59 7 Un charmant Payfage, à la plume, & lavé
par P. Bril. Il eft enrichi d'un côteau rempli
de brouffailles, & orné fur le devant de diverfes figures & animaux.

24 8 Un petit fujet en hauteur de cinq figures,
repréfentant des Cavaliers arrêtés à la porte
d'un cabaret, lavé à l'encre de la Chine, par
Werfchuring.

43-1 9 Deux petits Payfages en travers, avec beaucoup de figures, à la pierre-noire, par van
Goyen.

35 10 Un Payfage colorié, orné de jolies fabriques
& de diverfes figures, par Stephani. Il eft
touché comme de P. Bril, & porte 12 pouces fur 8 de haut.

23 11 Un Payfage, à la plume & à l'encre de la
Chine, très-finement deffiné par Goedaard.

24 12 Sept petits Payfages, à la plume & à la
pierre noire, par van Vden, Molyn, &c.

13 Deux moyens Paysages en travers, faits à 8 . 1
  la pierre noire, par van Dermeer.

14 Deux petits Sujets d'Histoire à la plume,
  par J. Luyken ; & deux Paysages par Sche-
  lings, &c.

15 Deux jolis petits Paysages avec figures &   7 . 19
  animaux divers, par van Velde & van
  Goyen.

16 Deux petits Sujets de Vaches au milieu   5 . 12
  d'une prairie, dessinés à l'encre de la Chine, par la Fargue.

17 Deux autres, par le même, Chevaux &   7
  Vaches.

18 Une Campagne où l'on fait la moisson,   13 . 12
  & une Vue d'Hollande, dessinées d'après
  nature, par le même.

19 Un petit Paysage colorié, mêlé d'archi-   13 . 10
  tecture, par Patel.

20 Une feuille sur laquelle sont deux oiseaux,   12 . 5
  dont une Huppe, & à ses pieds une Mé-
  sange morte, dessinés avec beaucoup de
  précision, & coloriés d'après nature, par
  Drost.

21 La Descente du Saint Esprit sur les Apô-   19
  tres, grande composition dessinée à la plume
  & au bistre, par Boulogne l'aîné.

ESTAMPES.

22 Neuf piéces à l'eau-forte, par le Guide,   3 . 19
  Carrache & l'Espagnolet.

23 Le Christ sur les eaux, par Spierre, d'après P. Cortone, très-belle épreuve.

24 Les quatre Portraits de l'Arétin, Bocace, &c. du cabinet de Rheimt, premieres épreuves avant la lettre.

25 Quinze piéces par Monaco, d'après P. Véronese, Benédette, &c. dont les Tableaux sont à Venise.

26 Neuf autres, par le même, d'après le Bourdon & autres Maîtres.

27 Neuf têtes, par Pittery, Caprices & Portraits.

28 Un grand Christ, au bas duquel sont Sainte Catherine de Sienne & un Dominiquain, d'après van Dyck, par Bolswert.

29 Un autre Christ, d'après le même, par Hollar.

30 Le Christ, appellé aux coups de poingts, par P. Pontius, d'après Rubens, belle épreuve.

31 La même Estampe bien conservée.

32 La grande Descente de Croix d'Anvers, par L. Vorsterman, anc. & belle épreuve.

33 La Résurrection de Notre-Seigneur, par Bolswert, premiere & parfaite épreuve.

34 La Pentecôte, par P. Pontius, d'après le même, ancienne épreuve.

35 La Résurrection du Lazare, grande & belle composition, par Bolswert.

36 La grande Chûte des Anges en deux feuilles, par van Orley.

37 La grande Judith, par C. Galle, d'après 26 19
le même Rubens.

38 La Converfation galante, en deux piéces, 9 1
gravée en bois par Chriftophe Jegher.

39 Deux grandes Chaffes, d'après le même, 24 4
par Soutman, &c. celle au Crocodille, &
au Sanglier.

40 La grande Chaffe aux Lions par Suyde- 3 6
roef, d'après le même.

41 Les deux Etables qui font partie des fix 22 10
grands Payfages, d'après le même.

42 Le Satyre portant une corbeille pleine de 9
fruits d'Automne, & Silene ivre, gravé par
Soutman, d'après le même.

43 Le Portrait de forme octogone d'Utenbo- 13 4
gard, par Rembrandt, belle épreuve.

44 Le Payfage aux trois Baraques, numéro 14
209 du Catalogue de Gerfaint, la troifiéme
épreuve.

45 Le Payfage aux trois arbres, par le mê- 43 19
me, très-belle épreuve.

46 L'Œuvre du Comte Goudt, en fept pié- 20
ces, d'après Elzéimer, anciennes épreuves.

47 Huit petits Payfages avec figures & ani- 7 11
maux, d'après Berghem, par J. Viffcher,
anciennes épreuves.

48 Deux Pendants en travers, par le même, 7 4
d'après Oftade, repréfentans des danfes de
Payfans, bonnes épreuves.

49 Les quatre Ages & les quatre Saifons, 21 19
par Saenredam, d'après Goltzius, anciennes
épreuves.

A iv

4 . 12 50 La Renommée, grande piéce en deux feuilles, par Muller, d'après Spranger.

54 51 Le Chien, que veut monter un enfant qui
tient un oiseau sur le poingt, par Goltzius,
très-belle épreuve.

25 . 19 52 Notre-Seigneur mis dans le tombeau, par
P. Pontius, d'après le Titien, & le massacre
des Innocens, par Sadeler, d'après le Tintoret, toutes deux superbes épreuves.

3 53 Quatre eaux fortes, dont Saint Jérôme &
Saint Bruno, par V. Cabel.

12 . 16 54 Deux piéces gravées à Londres, par Rave-
net & Chambers ; Sophonisba, & un Concert,
d'après Jordano & Carravage.

12 55 Trois Paysages aussi gravés à Londres, par
Mason & Byrne, d'après Zuccarelli, &c.

5 . 4 56 Saint Jérôme, en maniere noire, par M.
Ardell, d'après P. Cortone.

3 . 1 57 Saint François de Paule, par le même,
d'après Morillos.

2 4 58 Le Christ mort, d'après le Bourdon, par
Boulanger, premiere épreuve.

12 . 2 59 Trois titres in-folio de B. Picart, dont ceux
des Religions du Monde, des Métamorpho-
ses d'Ovide, &c.

---

243 . 10 60 Un Porte-feuille de différens Dessins &
Estampes qui sera partagé en plusieurs lots
dans chaque Vacation.

SECONDE VACATION.

Du Vendredi 4 Février 1774.

DESSINS.

61 LE Combat des Centaures & des Lapy-
thes, grande & belle compofition, d'après
J. Romain, au biftre, par Bifchop, 16 pouces fur 8, & ceintrée par le haut. 48·19

62 Un Payfage à la plume & un fujet militai-
re, finement touchés par le Guerchin. 18·19

63 Une fainte Famille, à la fanguine, fupérieurement faite par C. Maratte & bien con-
fervée, 11 pouces fur 8 de large. 100

64 Un croc où pend diverfes piéces de gibier
près d'une table fur laquelle eft un Singe
qui dérobe du raifin de dedans une corbeille, &c. à la plume & au biftre, par
Snyders. 48

65 Divers gibier mort gardé par deux chiens
auprès d'un tronc d'arbre, à la plume & au
biftre, par Fyt. 49·19

66 Un très-joli fujet où l'on voit diverfes
figures, animaux & charrettes arrêtés à la
porte d'une chaumiere, à la plume & lavé à
l'encre de la Chine, par Adrien van Velde,
7 pouces fur 4 de haut. 85·1

67 Deux petits fujets repréfentans chacun un
Payfan affis & tenant un verre, à la plume
& coloriés par Adrien van Oftade. 40·4

68 Deux petits Payſages à l'encre de la Chine
& à la pierre noire, par van Huyſum, &c.

69 Deux moyens Payſages avec figures à la
plume, lavés au biſtre & à l'indigo, par P.
Bril & Baudouin.

470 Un autre avec fabriques & rochers, lavé
au biſtre, par P. Bril.

71 Deux Ruines d'anciens monumens, ornées
de figures au biſtre, par Vander Hulſt.

72 Un charmant Payſage colorié & orné de
figures, par Haaſtolt, Diſciple de Ruyſdael.

473 Un Payſage montagneux avec figures, au
biſtre, par Nieuland.

74 Un joli Payſage lavé au biſtre & à l'indigo, par Wildens, & une Marine, par van
Velde.

75 Deux beaux Payſages montagneux, ornés
de figures & animaux divers, à la pierre
noire & lavé, par Maas.

76 La vue d'un Village au bord de la Meuſe,
ornée de pluſieurs groupes, de figures, ba-
téaux, moulins, &c. Ce deſſin eſt très-pittoreſque & bien colorié, par un Diſciple
d'Oſtade, nommé P. Kieft.

77 Deux jolies Marines mêlées d'Architec-
ture, Ruines & Figures finement touchées
à la plume & lavées, par J. Storck.

78 Une Chouette deſſinée preſque de groſſeur
naturelle & d'une vérité ſinguliere, par
Droſt.

79 Le Portrait de de Wit, Peintre, deſſiné

aux crayons noir & blanc, par Quinkhard ;
on y a joint la petite Eſtampe qui en a
été gravée d'après, par Houbracken.

80 Autre Portrait d'un célebre Sculpteur, de
même grandeur que l'Eſtampe qu'en a gravé
Folkema, d'après le deſſin fait par cet habile
Graveur. 6 pouces ſur 4 de haut.

81 Quatre feuilles ſur leſquelles ſont repréſen-
tées diverſes Eſtampes jettées ſur des plan-
ches, aſſez bien imitées pour que l'œil y ſoit
trompé.

ESTAMPES.

82 Le Mariage de Sainte Catherine, par
Spierre, d'après P. de Cortone ; & la Vierge
tenant l'Enfant Jeſus que viennent adorer
quatre Saintes, dont Sainte Martine, Sainte
Agnès, &c. par de la Haye, belle compoſition en travers, d'après C. Ferri.

83 Apollon pourſuivant Daphné, piéce en
deux morceaux, par Auden Aerd, d'après
C. Maratte.

84 Vénus careſſant l'Amour, par Bartolozzi,
d'après Jordans.

85 Le grand Couronnement d'Epines, d'après
van Dyck, par Bolſwert, très-belle épreuve,
on y a joint une bonne contr'épreuve de cette
même Eſtampe.

86 Le Jugement de Salomon, d'après Rubens, par Bolſwert, très-belle épreuve, &
rare à trouver.

87 L'Adoration des Rois aux flambeaux, &

celle aux Bergers qui y fait pendant ; d'après le même, par Vosterman, belles épreuves.

72 88 Le Martyre de Sainte Catherine, par van Leuw, superbe épreuve, & très-rare, idem.

5 · 19 89 Deux piéces, aussi d'après Rubens, la Vierge que l'Enfant embrasse, par Bolswett, & Saint François stigmatisé, par Vorsterman.

12 · 1 90 La Rencontre de Jacob & d'Esaü, par Baillu.

21 91 Progné présentant la tête de son fils Itys à Terée, par C. Galle.

18 · 10 92 Diane endormie avec ses Nymphes au retour de la chasse, par Soutman, belle épreuve.

36 · 1 93 Notre-Seigneur flagellé d'après Diepenbeck, par Baillu ; & l'Annonciation, d'après Seghers, par Bolswett, superbes épreuves.

36 · 2 94 La Bachanale des Satyres & des Léopards, par Suyderoef, d'après van Laer, très-belle épreuve.

12 95 Saint Pierre guérissant le Boiteux à la porte du Temple, par Rembrandt.

40 · 1 96 La piéce connue sous le nom de la petite Tombe, par le même, superbe épreuve.

9 · 19 97 La Femme assise auprès d'un poële, par le même.

17 98 La Baigneuse au carquois, & une autre femme nue assise, par le même, très-belles épreuves.

[13]

99 La Magdeleine pénitente, par Hollar, 10 - 3
d'après Avont, belle épreuve.

100 L'Age d'or en petit, par T. de Bry ; & 6 - 13
deux autres petits sujets en rond, de même
grandeur aussi, d'après Bloemaert.

101 Sept petites piéces, d'après le Baffan, 5 - 19
par Sadeler ; sujets de cuisines & autres.

102 Les huit Guerriers Romains, & de plus 10 - 10
deux sujets de même grandeur, par Goltzius.

103 Pâris & Hélene, par Saenredam, d'après 17
Haerlem, belle épreuve.

104 Le grand Bain de Diane, par Matham, 36 - 2
d'après Morelfe, superbe épreuve.

105 Le grand Paysage montagneux, par 6 - 10
Major, d'après R. Savery.

106 Le grand Age d'or, par N. de Bruyn, 63 - 19
d'après Bloemaert.

107 Sept grandes piéces, Foires, Paysages, 9
&c. par le même.

108 Miff Lafcelles tenant un Chien, par 6 - 15
Watfon, en maniere noire.

109 Deux autres manieres noires, par Green 4 - 4
& Godfrid.

110 Quatre piéces gravées à Londres, d'après 6 - 1
Collett & Miller.

111 Quatre-vingt animaux, d'après Potter, 11 - 19
par de Bye.

112 Vingt-quatre autres animaux, par Stoop 10 - 1
& van Hecke.

113 Huit sujets divers de Chiens, &c. à 8 - 19
l'eau-forte, par J. Fyt.

114 Quatorze Chevaux & autres animaux, par
Bamboche.

115 Quatre Batailles, & autres sujets en maniere noire, par Huchtenhurg.

116 Le Bain de Diane à la maniere noire,
par Verkolye, très-rare & belle épreuve.

117 Vénus & l'Amour aussi en maniere noire,
par Smith, d'après Jordans.

118 L'Entrée d'Alexandre, & l'Académie
des Sciences, épreuve avant l'ombre conti-
nuée, par le Clerc.

119 La Minerve, & le Festin des Dieux,
par B. Picart.

120 Cinq Vignettes *in-4°.* par Picart & autres,
sujets tirés du Télémaque, &c. des premieres épreuves.

TROISIÉME VACATION.

Du Samedi 5 Février 1774.

DESSINS.

121 Le Martyre d'une Sainte à laquelle on
coupe le sein, par van Dyck, de 7 pouces
sur 6 de large.

122 Deux Paysages en rond à la plume &
lavé, par Bolognese & Breughel.

123 Une Tête de Bouc à la pierre noire, supé-
rieurement bien faite par N. Berghem.

124 Un Village d'Hollande au bord de la
mer, avec diverses figures & autres accessoi-

res, à la plume, & lavé par Breughel de
Velours, deſſin capital de ce Maître.

125 Un très-joli deſſin de rochers eſcarpés   60
couverts de brouſſailles avec pluſieurs figures, lavé au biſtre par Everdingen.

126 Le ſacrifice d'Iphigénie, belle compoſition   37
au biſtre par Zacharie-Webber, diſciple de
G. Laireſſe, 9 pouces ſur 7 de large.

127 Une Marine ornée de pluſieurs grands   85 · 2
bâtimens & bateaux marchands, avec beaucoup de figures très-finement touchées à la
plume, & lavée à l'encre de la Chine par
Rietſchoef.

128 La vue d'un Village d'Hollande pendant   79 · 19
l'hyver, ornée de divers groupes de Pati-
neurs. Ce deſſin eſt très-agréablement colorié & fait tableau.

129 Quatre petites vues de mer ſur une même   12
feuille, à l'encre de la Chine, & à filets d'or
à l'entour, par Witringa.

130 Deux ſujets de la Bible faits à l'encre de   8 · 19
la Chine par G. Hoet.

131 Une chaumiere au bord de la mer, avec   8 ?
diverſes figures très-ſpirituellement faites à
l'encre de la Chine par Van Os, Peintre vi-
vant à la Haye.

132 Deux ſujets groteſques de Payſans à la   5 ? 3
plume, par C. Dufart.

133 Deux payſages au lavis & à la pierre noire,   28 · 19
par Thiele.

134 Deux études d'homme & de femme, par   13 · 14
C. Vanloo & Boucher, ſur papier bleu.

135 Deux sujets d'enfans à la sanguine très-bien faits par Ch. Natoire.

136 Plusieurs animaux gardés par un Rustre sur papier brun aux crayons blanc & noir, par Mayer.

137 Deux ruines d'anciens monumens Romains faits au bistre par Blondel.

138 Deux très-agréables paysages ornés de figures, à la pierre noire sur papier blanc, par Pillement.

139 Quatre groupes de fleurs peints à Guache par Ditch.

140 Deux Oiseaux dessinés d'après nature, par Drost, dont un Coucou.

ESTAMPES.

141 Notre-Seigneur au Jardin des Olives, par L. Vosterman, d'après le Carrache, superbe épreuve.

142 Le combat des quatre Cavaliers par Edelinck, d'après L. de Vinci, très-belle épreuve.

143 La même Estampe épreuve avant les noms des Auteurs, & la contr'épreuve aussi forte qu'une épreuve.

144 J. C. présenté au Peuple, grande piéce d'après le Titien par Hollar, superbe épreuve.

145 La Sainte Famille à la Danse des Anges, d'après van Dyck par Bolswert, belle épreuve avec l'adresse de vanden Enden.

146 La même Estampe, aussi belle épreuve, 18
avec l'adresse de G. Hendrick.

147 Saint Pierre à genoux, accompagné des 15 . 6
autres Apôtres, & recevant des mains de
Notre-Seigneur les clefs, gravé d'après le
dessin que fit Rubens d'après le tableau de
Raphaël, & J. C. au tombeau, accompagné
des Saintes Femmes. Ces deux Estampes
sont gravées par Soutman, & très-belles
épreuves.

148 Les trois Croix, d'après le même, par 17
Bolswert.

149 La grande Chûte des Anges en deux feuil- 60 . 4
les par Suyderoef : belle & premiere épreuve avant les draperies.

150 La Conversion de S. Paul par Bolswert, 72 . 1
superbe épreuve.

151 Une autre épreuve aussi belle, mais dont 68
la conservation n'est pas si parfaite que la
précédente.

152 Les trois Graces, par P. de Jode, d'après 38
le même Rubens, belle épreuve.

153 La même Estampe, moins belle épreuve. 24 . 5

154 La grande Bacchanale, d'après le même, 18 . 1
par Soutman, premiere épreuve avant les draperies.

155 Saint Martin de Tours, grande piéce d'a- 26 . 4
près Jordans, très-belle épreuve.

156 Le portrait de Sylvius par Rembrandt, 48 . 19
superbe épreuve.

157 Quatre têtes, par le même, dont son por- 8
trait en manteau brodé, &c.

B

16   158 Le Marchand de mort-aux-rats, du même,
       très-belle épreuve.

15   159 Quatorze petits sujets divers, par le même,
       dont la Rogneuse d'ongles, faussement attri-
       buée à ce Maître, &c.

12   160 Trois têtes par van Vliet, superbes épreu-
       ves, dont S. Pierre les mains jointes, &c.

27   161 Quatre piéces d'après Berghem, gravées
       par Vifscher & rares, à la premiere defquel-
       les se voit un homme affis sur une grande
       pierre & faifant converfation avec une femme
       qui est debout & à laquelle il prend le men-
       ton.

17   162 Les quatre Heures du jour en petit, par
       J. van Velde, & quatre autres petites piéces
       effets de nuit, par le même, belles épreuves.

3   163 Quatre piéces gravées à Londres, d'après
       Salvator Rofe, Tintoret & le Sueur, du vol.
       de Boydell.

5-3   164 Deux autres *idem*, dont le Procureur &
       fes Clients, & le Lion fe repofant, d'après
       Rubens.

9   165 Trois autres *idem*, dont Jefus dormant du
       Guide, la famille de Gerbier de van Dyck,
       &c.

4   166 Deux piéces en hauteur en maniere noire,
       dont un emblême fur la Religion, & le Prin-
       ce d'Orange.

30   167 Adam & Eve affis au pied de l'arbre fatal,
       petit fujet très-agréable de composition, gra-
       vé par Saenredam d'après Goltzius, très-
       belle épreuve.

168 Trois moyennes pièces, par le même, Judith, son pendant & le Peintre, anciennes & belles épreuves. 27

169 La Nativité de Notre-Seigneur, belle composition & d'un grand effet, gravée par L. Kilian d'après Heinstz, superbe épreuve. 13

170 J. C. mis dans le tombeau, d'après le même, par Sadeler. Ce sujet, qui n'est éclairé qu'à la lueur d'un flambeau, est d'un effet très-piquant. 4

171 Le Pont-Neuf, par la Belle, première épreuve avant la girouette & bien conservée. 60

172 Les supplices de la guerre, première épreuve, & la Pandore avant le foudre, par Callot. 14 . 19

173 Le portrait de de Ryck, connu sous le nom de la Barbe quarrée, par C. Visscher, première & superbe épreuve. 36

174 Le Comte d'Harcourt, dit Cadet à la Perle, par Masson, superbe épreuve. 48

175 La même Estampe, & de plus le Comte de Turenne, par le même. 10

176 Louis XIV en pied par Drevet, très belle épreuve. 19 . 19

QUATRIÉME VACATION.

Du Lundi 7 Février 1774.

DESSINS.

177 DEux sujets de platfonds, par le Fevre, d'après P. de Cortone, dont le Triomphe de Neptune, &c. 8

178 Le Portrait de L. Vorsterman, célèbre Graveur, contemporain de Rubens, dessiné à la pierre noire par van Dyck, de même grandeur que l'Estampe gravée à l'eau-forte par cet habile Artiste.

179 Deux Paysages montagneux mêlés de ruines & ornés de diverses figures & animaux, faits à la sanguine, par N. Berghem, 11 pouces sur 7 de haut.

180 Une petite vue de mer, bordée de plusieurs rochers, à l'encre de la Chine, par Everdingen.

181 Deux très-jolis Paysages, dont un représente une rivière qui serpente entre deux montagnes, & divers rochers; l'autre est une pleine Campagne, à l'encre de la Chine, par van Aken, 10 pouces sur 6 de haut.

182 Une Marine, par Breughel, & une Ruine par vander Cabel, à la plume, & lavé au bistre.

183 Une Compagnie de Paysans buvans & chantans à la porte d'une maison, très-finement fait à la plume & à l'encre de la Chine, par C. Dusart, 9 pouces sur 7 de large.

184 Les cinq Sens en sujets grotesques, de forme ronde & coloriés, par de Heer.

185 Trois sujets pieux, à la plume & lavés; dont un *Ecce Homo* du Palme, une sainte Famille, & un Saint Jérôme.

186 Deux Paysages avec figures, & Ruines, par Moucheron.

187 Deux petites Marines coloriées, par Vitringa.

188 Un Payſage montagneux orné de diverſes figures & colorié, par van Kampen.   21

189 Les douze mois de l'année, petits deſſeins à la plume & au lavis, par Everdingen, ils ſont collés ſur ſix feuilles avec des filets d'or à l'entour.   150

190 Un Payſage très-agréable & d'un grand fini, par Moucheron, à la pierre noire.   120

191 Le Triomphe d'Amphitrite, très-petit deſſin d'une compoſition agréable, à la plume & lavé ſur papier bleu, par C. Vanloo.   25 · 5

192 Un groupe de quatre enfans, à la plume & au biſtre, très-ſpirituellement deſſiné par F. Boucher.   14 · 19

193 Trois Etudes peintes repréſentant une Tête de Turc & deux de Sultanes, par Tremolieres.   7

194 Six autres Têtes, par le même.   11

195 Six petits Payſages, à la ſanguine & à la mine de plomb, par Ditch & Duncker.   19

196 Une Pie, & un Vanneau, deſſinés de grandeur naturelle, par van Veen.   9 · 19

ESTAMPES.

197 Le Maſſacre des Innocens, par S. de Ravennes; & l'Embraſement de Troye, par Thomaſſin, d'après Raphaël, très-belles épreuves.   27 · 19

198 La Vierge entourée de pluſieurs Jacobins, &c. gravée par Vorſterman, d'après M. A. Carravage, ſuperbe épreuve.   74

6   199 Trois pièces par M. Antoni, dont la petite
        Peste, la Cléopâtre, &c.

8٫   200 La Sainte Famille de Raphaël, par Ede-
        linck, première épreuve avant les armes,
        très-belle épreuve.

17.19 201 La même Estampe, avec les armes de Col-
        bert.

42   202 La Sainte Famille, nommée aux Lunettes,
        par Bloemaert, d'après le Carrache, très-
        belle épreuve.

24   203 La même Estampe, moins bien conser-
        vée.

9   204 Un Christ mort à l'eau-forte, par le Guide,
        d'après van Dyck, & Bacchus s'enyvrant
        aussi à l'eau forte, par l'Espagnolet.

39.19 205 Un grand sujet en hauteur, d'après van
        Dyck par Caukercken, représentant J. C.
        mort soutenu par les Saintes Femmes, rare
        & belle composition.

4.19 206 Cinq pièces, d'après le même, sujets de
        Vierge & autres, par Bolswert, &c.

36   207 Le Portement de Croix, par P. Pontius,
        d'après Rubens, superbe épreuve.

59.19 208 La grande Cene, d'après le même, par
        Bolswert, très-belle épreuve.

27   209 La même Estampe, aussi très-bonne épreuve
        collée à filets d'or, mais rognée du haut d'en-
        viron un pouce.

71.19 210 Sainte Anne & la Vierge, par Bolswert,
        superbe épreuve.

19   211 Bacchus enfant précédé par deux Bac-
        chantes, par Soutman, très-belle épreuve.

212 Le Portrait de Rubens, par P. Pontius, 30
ancienne & belle épreuve.

213 La Médée, de Rembrandt, avec la cou- 24
ronne, très-belle épreuve, & la même 13·12
Eſtampe avec ſupercherie faite adroitement,
c'eſt-à-dire, avec la couronne effacée.

214 Saint Jérôme dans la caverne, à genoux, 26
tenant un Crucifix, par V. Vliet, d'après
Rembrandt, ancienne & belle épreuve.

215 Le grand Baptême de l'Eunuque, des 21·4
mêmes.

216 Loth & ſes filles, par Vorſterman, d'après 56
Gentileſchi, rare & bonne épreuve.

217 La Magdeleine pénitente, d'après Se- 15
ghers, par le même, très-belle épreuve.

218 Cinq morceaux en hauteur, compoſés & 24
gravés à l'eau-forte, par Berghem.

219 Douze ſujets d'animaux, compoſés & 18
gravés à l'eau-forte, par H. Roos.

220 Le petit Bain de Diane, par Saenredam, 72·19
d'après Goltzius, ſuperbe épreuve.

221 La figure d'Hercule tenant ſa maſſue; & 24
dans le fond on voit ſes différens travaux,
compoſé & gravé par Goltzius.

222 L'Age d'Or, par Matham, d'après Golt- 27·15
zius & Andromède, par Saenredam, très-
belles épreuves.

223 Deux Payſages gravés à Londres, par 4
Elliott, d'après Roſe de Tivoli & Gnyp.

224 Trois idem, par Vivarès & Péack. 6

225 Quatre Piéces d'après le Nain & Trooſt, 5·19
par Houbraken, &c.

226 La Reine d'Angleterre, tenant son fils sur ses genoux, en maniere noire, par Houston.

227 Les deux Fils du sieur Gulston, aussi en maniere noire, par Green.

228 Une suite de quatorze petites Estampes gravées dans la maniere du lavis par Holtzmann, Artiste Saxon, d'après des Dessins de Dietricy Wagner, &c.

229 Les deux Vignettes & Lettres grises de Charles I & Marie Stuart décapités, par B. Picart, superbes épreuves.

230 Deux épreuves avec différences, de l'Estampe de la rue Quincampoix, & deux titres in-folio pour les Métamorphoses & Poësies Pastorales, par le même.

231 La premiere Tempête, d'après Vernet, par Flipart, épreuve avant la lettre.

232 Le Portrait de Jacob Cornelitz, Chirurgien célebre, par C. Visscher, très-belle épreuve.

233 Les Portraits d'Henri IV, de Sully & de la belle Gabrielle d'Estrées, par Vierix & Goltzius, belles épreuves.

234 L'Amiral Kortenaer, par Bloteling, ancienne épreuve.

235 Le Cardinal Dubois, par Drevet, superbe épreuve.

CINQUIÉME VACATION,

Du Mardi 8 Février 1774.

DESSINS.

236 DEux sujets de Borée & Orythie, su-
périeurement bien dessinés à la sanguine, par
G. Lairesse. *36*

237 Une Marine à la plume & lavé par Breughel. *18*

238 Un Paysage montagneux, au bas duquel
se voit une cascade d'eau, Dessin très-pitto-
resque à la plume & à l'encre de la Chine,
par Pinacker. *24*

239 Un Port de Mer, avec beaucoup de figures à l'encre de la Chine, par Lingelback. *50 . 19*

240 Une jolie Marine avec plusieurs bateaux
Marchands, à la plume & coloriée, par Vitringa. *23 . 19*

241 Un petit Paysage, avec figures au lavis,
par Everdingen. *71 . 19*

242 Une Ruine au bord de la Mer, au crayon
noir & lavé, par Th. Wyck.
243 Autre sujet pareil, dessiné par Schellings. *200*

244 Une Tempête & ses débris au bord de la
Mer, à la plume & à l'encre de la Chine,
spirituellement touchée par Zeeman. *72*

245 Deux très-jolies Marines coloriées & ornées de beaucoup de figures intéressantes &
analogues, par Pronck. *110 . 19*

8 5 246 Un Payſage montagneux , avec diverſes
figures, fait avec beaucoup de goût , à l'encre de la Chine , par van Achen.

60 247 Un joli Payſage & Montagnes colorié ,
par Everdingen.

21 248 L'Adoration des Bergers en petit, à la
plume , & coloriée par Saenredam d'après
Bloemaert, 6 pouces ſur 5 de large.

100 249 Les Animaux entrant dans l'Arche , deſſin
capital & bien colorié, par R. Savery.

10 · 4 250 Deux Sujets d'une plume fine & légere ,
par R. de la Fage, dont un repréſente le
Satyre Marſias que fait écorcher Apollon.

15 251 Deux petits Payſages montagneux faits
au biſtre par Callot.

6 · 5 252 Les Vendeurs chaſſés du Temple , & un
ſujet de fontaine touché avec eſprit par F.
Boucher.

44 253 Deux ſujets de Pêcheurs , de forme ovale ,
à la pierre noire par J. Vernet.

32 254 Deux Oiſeaux perchés chacun ſur une
branche d'arbre , faits avec beaucoup de pré-
ciſion par Agricola.

24 · 19 255 Un autre oiſeau , auſſi très-terminé , par
le même.

ESTAMPES.

8 · 19 256 Adam & Eve , & un autre ſujet , par L.
de Leyden , anciennes épreuves.

8 257 Adam & Eve , par Al. Durer , ancienne
épreuve.

258 Deux sujets, par Saenrédam, d'après L. 9 - 6
de Leyden ; Judith venant de couper la tête
à Holopherne, & son pendant, anciennes
épreuves.

259 La Descente de Croix, d'après Rubens, 75
par Clouvet, superbe épreuve.

260 La grande Elévation en Croix de trois 26 - 19
morceaux, par Witdoeck, d'après le même,
ancienne & belle épreuve.

261 Le Christ mort, au Capucin, *Christi funus,* 39
par P. Pontius, superbe épreuve.

262 Sainte Catherine & Sainte Barbe, par 14
Bolswert, très-belles & anciennes épreuves
du même Rubens.

263 La destruction des anciens Sacrifices, 12
sujet en deux feuilles, par les mêmes.

264 Le Triomphe de la Religion, par les 41
mêmes, superbe épreuve.

265 La Nativité, d'après Jordans, par P. de 18
Jode, ancienne épreuve.

266 Un sujet comique & très-rare, attribué à 20
Jordans, gravé par Falck, représentant un
homme & une femme qui chantent, & s'ac-
compagnent avec une pincette & un couteau.

267 La piéce de cent florins, par Rembrandt, 130
ancienne & superbe épreuve sur papier jaune,
mais non de soie.

268 La même Estampe sur papier blanc, aussi —
ancienne & belle épreuve, & bien confer-
vée.

269 La grande Résurrection du Lazare céin- 119 - 19

trée par le haut, très-ancienne, & belle
épreuve.

12   270 Deux autres épreuves de la même Estampe, dont une avant la retouche.

15   271 Neuf piéces, par V. Vliet, têtes & sujets
des Arts & Métiers.

8   272 Trois par V. Velde, sujets de nuit, dont
le Samaritain, &c.

15   273 Trois autres du même genre, dont un
Joueur de Vielle, accompagné de quatre
autres personnages grotesques, le Reniement
de Saint Pierre & son Pendant, par Akerstoot,
d'après Molyn.

11-19   274 Le Calice, original & copie, par Hollar,
superbes épreuves.

8-5   275 Les quatre Saisons du Bassan, par Sadeler, anciennes épreuves.

6-19   276 Les sept Vertus Théologales, par Matham, d'après Goltzius, très-belles épreuves.

6-19   277 Sept Piéces diverses, par Saenredam, &c.
dont Daniel dans la fosse aux Lions, par
Gheyn, Adam & Eve, &c.

48   278 La Résurrection du Lazare, d'après Bloemaert, par Muller, superbe épreuve.

45   279 Les Epithalames ou Sujets de mariages, par
B. Picart, en treize piéces, des premieres
épreuves.

8   280 Six Piéces historiques, par le même, dont
la Reine Voadicé haranguant son armée,
Henri VII d'Angleterre couronné Roi sur le
champ de bataille, &c.

281 La Maladie d'Alexandre, d'après le Sueur, par Audran, premiere épreuve.   1 8

282 Le Testament d'Eudamidas du Poussin, par Pesne, & la Famille de Coriolan de la Fosse, anciennes épreuves.   6

283 Le grand Pyrrhus du Poussin, & la Chûte des Rébelles, de le Brun ; Piéces en deux feuilles, bonnes épreuves.   8 - 2

284 Trois grandes piéces, d'après l'Albane & autres ; dont la Colere de Neptune, par Aveline, &c.   5

285 Deux d'après Coypel, Bacchus & Ariane, & Thalie chassée par la Peinture.   6 - 4
286 Quatre grands Portraits, par Edelinck & de Poilly, dont Messieurs de Colbert, le Brun, &c.

287 La Chapelle des Enfans-Trouvés, d'après Natoire, gravée par Fessard, en quinze piéces.   9

288 Le Frappement du Rocher, par Stella, d'après le Poussin, & l'Homme condamné au travail, par Thomassin, d'après le Fety.   3 - 14

289 La figure équestre de Louis XIV de la Ville de Lyon, & la figure en pied du Prince de Conti, par Audran, premiere épreuve avant la lettre.   3

290 Deux grosses Têtes, par Nanteuil, le Vicomte de Turenne, & M. de Perefixe.   8

SIXIÉME VACATION,

Du Mercredi 9 Février 1774.

DESSINS.

8 - 12 291 L'Apôtre Saint Jacques, dont la tête est pleine d'expression & la figure vue jusqu'aux genoux, au bistre par F. Vanius.

100 292 Saint Jérôme aussi vu jusqu'aux genoux, touché avec beaucoup d'esprit à la plume & au bistre par le Guerchin.

20 293 Un sujet pieux très-spirituellement fait à la plume, par le Vasari; & Achilles chez Déïdamie, par Hoogzand, éleve de Lairesse.

12 · 13 294 Un Port de mer, sujet en hauteur orné de diverses figures d'Orientaux & autres, lavé au bistre, par Simonini.

14 ½ 295 Deux très-jolis Paysages coloriés & ornés de figures, par Dalens, 9 pouces sur 6 de haut.

120 296 Un Paysage d'un effet très-piquant, orné de fabriques & d'une chûte d'eau, artiste-ment colorié par Everdingen, 9 pouces sur 7 de haut.

850 · 19 297 Une pleine Campagne richement ornée des dons de la nature pendant l'Eté : divers groupes de figures très-intéressantes se voient sur le devant; & sur le deuxiéme plan, des Moissonneurs occupés à charger & à couper.

Ce Deſſin eſt des plus agréables, tant pour
la compoſition que pour l'effet; eſt d'un fini
précieux, & fait à l'encre de la Chine, par
le vieux Moucheron, 13 pouces ſur 2 de
haut.

298 Deux petits Payſages ornés de figures &
baraques, faits à la pierre noire ſur papier
blanc, par van Goyen.   66 - 19

299 Un Payſage montagneux avec figures, à
l'encre de la Chine, par van Acken, 9
pouces ſur 8 de haut.   60 - 4

300 Une Tête d'Homme, à la pierre noire
ſur parchemin, deſſinée très-artiſtement par
G. Viſſcher, de même grandeur que l'Eſtampe qui en a été gravée d'après par J. Viſſcher. La tête eſt découverte, vue de trois
quarts, & autour du col eſt un mouchoir
rayé, 5 pouces ſur 4 de large.   99 - 19

301 Le Portrait de Fr. Mieris, deſſiné par lui-
même, à la mine de plomb ſur velin, à l'âge
de trente-deux ans. Il s'eſt repréſenté à mi-
corps, & eſt d'un précieux fini. On ſçait
que les Deſſins de ce Maître ſont encore
plus rares que ſes Tableaux. Celui-ci fut
vendu à Leyde à la vente de M. V. d'Eyk
plus de 450 florins d'Hollande. On en connoît l'Eſtampe gravée de même grandeur.   301

302 * Une figure de Berger debout, tenant un
bâton & ayant auprès de lui un chien, à la
ſanguine, par N. Berghem, & de plus une
autre Etude d'une figure orientale, à l'encre
de la Chine, par Th. Wick.   14 - 19

150 302 Un Vase rempli de différentes fleurs, très-
artiſtement groupées & d'un bel effet, fait à
la plume & à l'encre de la Chine, par van
Huyſum, 9 pouces ſur 7 de large.

220 303 La Vue d'un Village de Hollande pendant
un temps neigeux, & orné ſur le devant de
beaucoup de petites figures intéreſſantes,
occupées à patiner ſur la glace. Il eſt peint à
gouache, & bien colorié, par van Kampen,
11 pouces ſur 8 de haut.

12 304 Un Loup, & une autre Tête de Loup, à
la pierre noire ſur papier blanc, par Joſeph
Roſa.

72 305 Un Pinſon perché ſur une branche de
pommier, & un Alcion auſſi perché ſur la
branche d'un arbre couvert de neige, d'un
précieux fini & bien coloriés, par Agricola.

22 306 Le Couronnement d'Epines, à la plume,
par van Dick; & l'Enlevement d'une Nym-
phe, à la plume & au biſtre, par van Baa-
len.

72-13 306* Un Chriſt & une belle contr'épreuve à
la ſanguine, par Bouchardon.

12 307 Dix différentes Etudes de têtes & petites
figures, à la ſanguine, par Watteau.

60 308 Quatre vaſtes Palais, de compoſition &
lavés à l'encre de la Chine, par Bovet, Ar-
chitecte; à l'un d'eux, Bénard y a deſſiné
une quantité de figures très-intéreſſantes &
faites avec eſprit.

ESTAMPES.

ESTAMPES.

309 La piéce connue sous le nom des cinq   3 - 10
  Saints, par M. Antoine, ancienne épreuve.

310 Le Triomphe de Neptune, & Mercure   6
  endormant Argus, à l'eau-forte par le Guide,
  belles épreuves.

311 La petite Vierge où l'on voit le petit Jean   17
  pleurer & vouloir ôter un Oiseau des mains
  de l'Enfant Jesus, gravée par An. Carrache,
  superbe épreuve.

312 La Magdeleine du Corrége, par Daullé,   13 - 10
  du Vol. de Dresde.

313 Le Bal de Berghem, par Visscher, superbe   43
  épreuve.

314 L'Enfant Jésus en pied, tenant la Boule   4 - 10
  du Monde, d'après van Dyck; & le Maria-
  ge de Sainte Catherine, d'après Rubens,
  par P. de Jode.

315 Le même Enfant Jésus, gravé par P. Pon-   7 - 10
  tius.

316 Jesus caressant Saint Jean, d'après van   15
  Dyck, par Arn. de Jode, superbe épreuve.

317 Saint Michel foudroyant les Rébelles, par   22 - 12
  Vorsterman, d'après Rubens, ancienne &
  belle épreuve.

318 La Visitation d'Elisabeth; grande Piéce   10
  en hauteur, d'après le même.

319 Le Massacre des Innocens, en deux   70
  feuilles, par P. Pontius, ancienne épreuve.

C

320 Deux Sujets faifant pendans, qui repréfentent les Docteurs de l'Eglife & les Evangé-
liftes, gravés par Lauwers & Bolfwert, fu-
perbes épreuves.

321 Le Denier de Céfar, par L. Vorfterman,
très-belle épreuve.

322 Saint Lyvins, à qui on vient d'arracher la
langue, d'après le même Rubens, par Caukercken, fuperbe épreuve.

323 La Sufanne *idem*, par Vorfterman, ancienne & belle épreuve.

324 La Vierge entourée d'Anges & d'Enfans,
en deux piéces, par C. Viffcher, & la Nature ornée, aufli de deux morceaux, d'après
le même.

325 La Magdeleine chez le Pharifien, par Na-
talis, ancienne épreuve.

326 Le *Quos Ego*, par Daullé, très-belle
épreuve.

327 Les Portraits en grand de Charles de Lon-
güeval, & de l'Infante d'Efpagne en Reli-
gieufe, par Vorfterman & Pontius.

328 La grande Mariée Juive de Rembrandt,
très-belle épreuve.

329 Lutma affis dans un grand fauteuil, *idem*.

330 Le Moulin & un autre Payfage, de plus
le Cochon, en tout trois piéces, aufli par le
même.

331 La Lifeufe de van Vliet, fuperbe épreuve.

332 Loth enyvré par fes filles, du même.

333 La Réfurrection du Lazare, d'après T.
Livius, par Louys, très-belle épreuve.

334 Trois différens sujets de Bûveurs & de   14 - 4
Joueurs, par van Vliet, & un sujet attribué
à Rembrandt, qui repréfenté un homme &
une femme affis au pied d'un arbre, fe laif-
fant toucher la gorge.

335 La Fricaffeufe, par C. Viffcher, très-belle   48
épreuve, avec le nom de Cl. de Jonghe.

336 La Mort-aux-rats, par le même, ancienne   12
& belle épreuve.

337 L'alliance de Bacchus, Vénus & Cérès,   8
affis fur un lit, par Saenredam.

338 Vertumne & Pomone, par le même, fu-   27 · 15
perbe épreuve.

339 Les fix Piéces, chefs-d'œuvres de Golt-   42
zius, très-belles épreuves.

340 La Paffion en douze piéces, par le même.   6 - 16

341 Deux grands fujets en travers, de deux   39
piéces chacun ; le Bal Vénitien, par Goltzius, & l'Enfant Prodigue, par de Gheyn.

342 Deux Sujets agréables de compofition   29 · 18
par la diverfité des figures, gravés par Matham, d'après Séb. Vrancx, repréfentans
un Feftin Vénitien, &c. Ils font très-beaux
d'épreuves.

343 L'Hiftoire d'Adam en fix morceaux, par   14 · 19
Saenredam, anciennes épreuves.

344 Quatorze Sujets divers, par Goltzius,   4 · 10
Sadeler & autres.

345 Les quatre Ages & les quatre Saifons,   8
moyens Sujets en hauteur, par Saenredam
& Goltzius.

346 Un Bain de Diane au retour de la chaffe,   15 · 19

gravé par Ruyter, d'après G. Valk, & Hercule combattant l'Hydre par Müller.

21 · 19 347 Trois jolies Vignettes *in-4°*. & *in-folio*, par B. Picart, dont Barnevelt décapité à la Haye en 1619, la Pâque des Mahométans, & un sujet de Télémaque, premiere épreuve avant la lettre.

11 · 2 348 Douze autres Vignettes *in-4°*. &c, par B. Picart, Folckema, Vandelaar, &c.

9 · 5 349 Vingt-huit Lions, Taureaux & Moutons, d'après Potter, par de Bye.

11 350 Trois grandes Piéces, d'après Poussin, Coypel, &c, dont le Jugement de Salomon, superbe épreuve.

SEPTIÉME ET HUITIÉME VACATIONS,

Du Jeudi 10 & *Vendredi* 11 *Février* 1774.

DESSINS.

120 · · 351 LE Pere Éternel dans sa gloire entouré d'Anges & de Chérubins, composition de plus de vingt-cinq figures, très-bien conservée & d'un précieux fini, faite au bistre rehaussé de blanc, par le Perrugin. On connoit la rareté des Dessins de ce Maître : celui-ci est très-avéré & indubitable. Il porte 10 pouces sur 6 de haut, par lequel il est ceintré.

400 · 352 Narcisse se mirant. Derriere lui sont trois

figures, parmi lesquelles est un Satyre qui
veut le faire remarquer à une jeune fille : au
milieu, dans l'air est l'Amour qui est prêt à
lui décocher une fléche de son arc qu'il tient
bandé sur lui. Ce Dessin capital, tant pour
l'effet que pour la conservation, est fait au
bistre, rehaussé de blanc, par Raphaël d'Ur-
bin, & porte 8 pouces sur 7 de haut.

353 Un sujet en ovale fait à la plume & lavé,   20
par Antoine Gregorini. Il représente la mort
d'une Sainte, il est composé de dix figures
très-bien groupées, & porte 9 pouces sur 7
de large.

354 Un Paysage des plus ragoûtans, fait à la   480
plume & lavé très-vigoureusement au bistre,
par N. Berghem. On voit sur le devant un
tronc d'arbre couvert de mousse, & au pied
un Berger assis, ayant auprès de lui son
Chien & plusieurs Moutons. Il est fait dans
la plus grande force du talent de cet habile
Artiste, & porte 13 pouces sur 9 de haut.

355 Deux autres plus petits sujets, par le mê-   400
me Artiste, faits à la pierre noire, & lavé à
l'encre de la Chine dans le même temps que
le précédent. Ils représentent des rochers
percés couverts de Paysages & Broussailles.
Beaucoup de figures & différens animaux
ornent ces deux charmants Dessins, qui por-
tent chacun 7 pouces sur 5 de haut.

356 Autre Paysage fait d'après nature, par   412
Ruysdael, & colorié avec vigueur & beau-
coup d'intelligence. Sur le devant, on voit

un très-gros arbre entouré d'eau, & dans le
fond un soleil couchant. On connoît très-peu
de Deſſins coloriés de ce Maître : celui-ci
eſt un de ſes plus beaux ; il porte 11 pouces
ſur 7 de haut.

131   357. Autre Payſage, ſur le devant duquel ſe
voit une Baraque couverte de chaume, d'une
touche & d'un goût très-pittoreſque : plus
loin ſont divers Pêcheurs occupés. Il eſt fait
à l'encre de la Chine & avec art, par Everdingen, 9 pouces ſur 6 de haut.

899. 193   358. Un grand Sujet, le plus capital que l'on
puiſſe voir d'Abraham Bloemaert. Il repréſente l'Age d'or. Cette compoſition eſt connue par l'Eſtampe gravée de même grandeur, par N. de Bruyn. Il entre dans ce
Sujet plus de trente figures, qui forment les
principaux grouppes de ce ſuperbe Deſſin,
fait à la plume & lavé à l'indigo. Il joint à
l'agréable, la plus parfaite conſervation ; 27
pouces ſur 17 de haut.

48   359. Saint Jean prêchant dans le Déſert ;
grande compoſition de plus de cinquante figures, d'une belle ordonnance faite à la plume
& au lavis, rehauſſée de blanc, par André
Both, 24 pouces ſur 16 de haut, d'un grand
effet & d'une belle conſervation.

27   360. Deux très-petits Payſages à la pierre noire,
ornés de différens animaux & figures d'une
touche très-ſpirituelle par Weſtraaten.

96   361. L'Aſſomption de la Vierge, belle compoſition de plus de vingt-cinq figures bien

grouppées, faite sur papier bistré à la pierre noire, rehaussé de blanc, par Quellinus, 15 pouces sur 7 de large.

362 Une grande Bataille de Cavalerie le sabre à la main, auprès de la porte d'une Ville, faite à la plume & lavée à l'encre de la Chine, par Werschuring.   10

363 Cinq Payfages, ornés de figures & animaux divers, par Sackleven, P. Bril, &c.   14

364 Un Serin perché fur une branche d'arbre, & un autre Oifeau y faifant pendant, peints d'après nature à Guache, par Agricola.   9 2

365 Quatre feuilles de différens animaux quadrupedes & autres, deffinés & coloriés, par un bon Maître Flamand, Fyt ou autres.   6

366 Trois Sujets faits avec art, à la plume, par la Fage & de Wit. Ils repréfentent une Sainte Famille & le Baptême de Notre-Seigneur.   14 · 19

367 Une Defcente de Croix efquiffe pleine de feu, faite à la plume & lavée, par Jouvenet, & un fujet de Fontaine, par le Brun.   15

368 Quatre petits fujets divers, par Fragonard & Schenau, faits à la plume & au biftre.   10

369 Six études de figures & têtes, par Bifchop & autres.   16 · 4

370 Vingt-quatre petits fujets divers, par Gravelot.   18 · 10

371 Une fuite de vingt-quatre fujets de l'Hiftoire Romaine, par Verdier.   5 · 4

372 Deux Marines ornées de figures, deffinées d'après des Tableaux de M. Vernet.   18

373 Deux Marines & Payſages d'un grand effet, par Silveſtre.

374 Deux petits Payſages montagneux ornés de divers figures & animaux, par Mayer.

375 Un ſujet de la Fable de Baucis & Philemon, deſſiné à l'encre de la Chine, par M. le Prince, de 10 pouces ſur 7 de large.

376 Deux ſujets de l'Hiſtoire Romaine, & deux Bachanales d'enfants, par la Rüe.

ESTAMPES.

377 Saint Hubert, par Alber Durer, ancienne épreuve.

378 Le Cheval de la Mort, idem.

379 Trois Piéces à l'eau-forte, dont l'Aumône, du Carrache, les Noces de Cana, du Tintoret, &c.

380 Le Martyre de Saint Barthelemi, à l'eau-forte, par l'Eſpagnolet, très-belle épreuve, rare.

381 Danaé & ſon Pendant, d'après le Corrége, dont la premiere eſt avant les draperies augmentées par Sornique.

382 Trois grands ſujets de l'Hiſtoire Grecque, dont Achilles traînant le Corps d'Hector autour des murs de Troye, &c. d'après Hamilton, par Cunego. Ces deux habiles Artiſtes exiſtent à Rome.

383 Les deux ſujets de Renaud enchanté dans le Palais d'Armide, d'après van Dyck, par P. de Jode, &c. ſuperbes épreuves.

384 La Petite Nativité, en travers ; d'après
Rubens, par Vorfterman, ancienne & belle
épreuve.

385 Saint Livins, à qui on vient d'arracher la
langue, gravé par Caukercken, d'après le
même, très-belle épreuve.

386 Achilles à la Cour de Nicomede, d'après
le même, par C. Viffcher, Piéce très-rare &
fuperbe épreuve.

387 Daniel dans la foffe aux Lions, d'après le
même Rubens, par van Leuw, auffi très-
rare.

388 Le Satyre endormi auprès d'une colla-
tion ; Piéce rare & belle, gravée à l'eau-
forte, par Wyngaerde, d'après le même,
fuperbe épreuve.

389 Le Roi boit, d'après Jordans, ancienne
& belle épreuve.

390 Le grand Ecce Homo, par Rembrandt,
ancienne épreuve.

391 La même Eftampe, moins belle épreuve
que la précédente, quoiqu'ancienne.

392 Le Samaritain, par le même, premiere &
parfaite épreuve, avec la queue du Cheval
blanche, & autres différences.

393 La même Eftampe, auffi très-belle épreuve, à la queue noire ; & de plus on y a joint
la copie de même grandeur, & affez bien
imitée ; car beaucoup de Curieux y ont été
trompés.

394 Deux petits Payfages, par le même, anciennes épreuves.

395 Les Pélerins d'Emaüs, en petit & terminé, par le même. De plus, le Saint Pierre à genoux, tenant des clefs dans ses deux mains. Cette Piéce est assez rare à trouver; bonne épreuve.

396 Six petites figures debout & assises, représentant gueux & autres, anciennes épreuves.

397 Soixante-douze autres sujets divers, par le même, qui seront partagés.

398 Saint Jérôme assis dans sa caverne tenant dans ses mains un Crucifix, par F. Bol, ancienne épreuve.

399 Douze petites têtes, par J. Livins, & quatre petites figures de gueux, par V. Vliet.

400 Quatorze petits crocquis, à l'eau-forte, par Pool, d'après Rembrandt, & de plus deux copies, d'après le même, dont le Portrait d'Wtenbogard, par Bause.

401 Le Violonneur, d'après Ostade, par C. Visscher, ancienne & superbe épreuve, bien conservée.

402 Les deux petites têtes de vieilles femmes, par le même, aussi très-belles épreuves. Numéros 26 & 27 de l'Œuvre de ce Maître, inséré dans le Dictionnaire des Graveurs, par Basan, deuxième vol. page 43.

402 * Le Couronnement de la Reine de Suede, grande piéce en travers, par le même, très-rare & superbe épreuve.

403 Le Bal & le Coup de couteau, anciennes & belles épreuves, par Suyderoef, d'après Ostade

404 Vingt Sujets de Payſages & animaux, par 9 . 2
C. & J. Viſſcher, dont la plûpart ſont anciennes épreuves.

405 Vingt-cinq Payſages & petites figures à 11
l'eau-forte, par Ruyſdael, J. Both, &c.

406 L'Œuvre de K. du Jardin en cinquante- 36
deux piéces, par lui-même, à l'eau-forte.

407 Les cent petits Payſages, à l'eau-forte, 38
par Everdingen.

408 Trente-ſix animaux divers, d'après P. Pot- 7 . 19
ter, par de Bye.

409 Quatre moyens Payſages & Marines com- 26
poſés & gravés à l'eau-forte, par P. Bout ;
& de plus huit petits Payſages, auſſi à l'eau-
forte, par Wainyncx, anciennes épreuves.

410 Le Repoſoir, par Della Bella. ——

411 La Cathédrale d'Anvers, par Hollar, pre- 16
miere épreuve.

412 Six petits Payſages, par le même, d'après 5 . 10
Breughel & autres, anciennes épreuves.

413 Cinquante petites Piéces diverſes, par le 9
même, têtes, charges d'après L. de Vinci,
& modes allemandes.

414 Quarante quatre idem, Papillons & Têtes. 4 . 12

415 Le Roi d'Eſpagne faiſant arrêter ſon car- 48 . 10
roſſe devant un Prêtre qui porte le Viatique ;
Piéce rare, & ſuperbe épreuve, par R. de
Hooge.

416 Les ſix Pénitens, par Swanenburg, d'a- 6 . 19
près Bloemaert, dont Saül, Saint Pierre, &c.
ſuperbes épreuves.

417 Huit petites Piéces, par Bloemaert. Mul- 9 . 4

ler, &c. superbes épreuves, sujets de Vierges, Magdeleine, &c.

40 418 Les cinq Sens en demi-figures, par Saenredam, d'après Goltzius, anciennes & belles épreuves.

3 - 10 419 Quarante-huit petits sujets & animaux divers, par Bloémaert.

20 - 2 420 Trois sujets des Amours des Dieux, par Goltzius, superbes épreuves, & un quatriéme sujet de même grandeur, qui est Pygmalion.

3 - 15 421 Seize sujets & Portraits divers, par Bloemaert, Saenredam, &c.

4 422 Une grande Adoration des Rois en hauteur, gravée par Thomassin, d'après Fred. Zuccaro, & un Retour d'Egypte, par C. Galle, piéce ceintrée par le haut, toutes deux anciennes & belles épreuves.

4 - 19 423 Les Apôtres en pieds, par de Gheyn, d'après Mander, en treize piéces.

11 424 Les Apôtres en seize morceaux ronds, par le même, & de plus les sept Vertus Théologales, de même forme, belles épreuves.

6 425 Quarante-six petits sujets, dont la Passion par de Gheyn en treize piéces, les Apôtres en douze, & la Vie de Sainte Catherine de Sienne en vingt-une.

8 426 Les sept Sages de la Grèce en huit piéces y compris le titre ; & de plus les Apôtres Saint Pierre & Saint Paul, en tout dix piéces composées & gravées à l'eau-forte, par de Gheyn, anciennes & belles épreuves.

38 427 Le Massacre des Innocens, par B. Picart,

[45]

première épreuve avant la Couronne sur la
tête d'Hérode ; on y a joint une petite copie
faite avec soin par Folcke.

428 Vingt-deux Vignettes, par le même, pour
la Vie de Saint François, Instituteur de l'Or-
dre des Cordeliers.

429 Douze petites Vignettes *in*-8. par le même, pour les Œuvres de la Fontaine, de
Saint Evremont, &c. premières épreuves.

430 Cinq piéces du même, dont trois titres
in-fol. le Triomphe de la Peinture & le Portrait de Rabelais très-historié de format *in*-4.
superbe épreuve.

431 Dix-neuf piéces *in*-4. par J. Luyken,
représentant divers massacres célebres, Sé-
jan, Caraffa, Petersson, & autres sujets de
Princes décapités.

432 Quatre grandes piéces, d'après le Poussin, Mignard, &c. dont Moyse sur les eaux,
la Circoncision, &c.

433 Dix autres grandes piéces, d'après l'Albane & Poussin, sujets de la Fable & Paysages.

434 Trois d'après Watteau, l'Accordée de
Village, l'Embarquement, &c.

435 Quatre d'après Coypel, Boucher & Pierre, par l'Empereur, Fessard, &c.

436 Le Mariage de Moyse & son pendant, de
le Brun ; & le Miracle des cinq pains, par
Audran, anciennes & belles épreuves.

437 Quatre d'après Coypel des premieres
épreuves avant la lettre, dont Roland &
Angélique, Thalie chassée, &c.

438 Les Comédies de Moliere, en trente-trois piéces *in*-4°. d'après Boucher, par L. Cars.

9 439 Vingt-sept Estampes par Ridinger, Chasses & Animaux divers.

5 · 13 440 Trois grands Paysages, par le Bas & Benazech, d'après Cl. Lorrain & Diétricy.

3 · 19 441 Cinq Paysages gravés à Londres, par Vivarès & autres.

—442 Deux grands Paysages gravés à Londres, par Canot & Browne, d'après Ostade & Both.

—443 Phaëton, par Woolett, & une Vue de Naples, par Vivarès, d'après Cl. Lorrain.

48 · 4 443 * La Présentation au Temple, par Drevet, d'après Boulogne, belle épreuue.

5 444 Quatre piéces, d'après le Moine & autres Maîtres François, par Cars, &c.

4 · 11 445 Six grandes piéces, d'après l'Albane & autres, par Audran, &c.

5 446 Quatre piéces, d'après Jordans & Rembrandt.

4 · 19 447 Quatre sujets d'après Coypel & Lancret, Melles. Sallé & Camargo, &c.

6 · 4 448 Six Paysages & sujets, d'après Pillement, par Elliot & autres.

7 449 Six d'après Watteau & autres, Bal champêtre, &c.

4 450 Le Monument de Rennes, par Dupuis; & la Maladie d'Antiochus, par Vasseur.

14 · 19 451 Le Paralytique servi par ses enfans, d'après Greuze, belle épreuve.

32 451 * Deux premieres épreuves du silence, idem, dont une avant la lettre.

452 Vingt-cinq piéces d'après le même, repréfentant divers habillemens fuivant le coftume d'Italie, gravées par Moette.   19 - 19

453 Trente-fept fujets divers à l'eau-forte, par Fragonard & autres Maîtres de l'Ecole françoife.   5

454 Le Portrait de Scriverius, Poëte Hollandois, né à Harlem, gravé par C. Wiffcher, très-belle épreuve.   42

De plus une petite copie fupérieurement bien faite par Houbraken, célebre Graveur Hollandois.

455 Le Portrait de Copenol, par le même Wiffcher, premiere épreuve avant la lettre, d'une confervation parfaite. On y a joint une grande feuille d'écriture de la main de cet homme célebre dans fon art.   77

456 Le même Portrait, avec la lettre & très-belle épreuve.   28 - 19

457 Deux très-beaux Portraits, chacun dans un genre différent ; celui du Titien, par Aug. Caraache, & Ephraïm Bonus, par J. Lyvins, anciennes & belles épreuves.   13 - 2

458 Le Portrait de Dilgerus, chef-d'œuvre d'Edelinck, parfaite épreuve.   36 - 12

459 Trois autres Portraits, par le même, dont Louis XIV in-8. avant la lettre. Pafcal & Defcartes, in-fol.   9

460 Neuf autres, par le même, de la fuite des Hommes Illuftres, dont Nanteuil, Quinault, &c.   6

461 Trois grands Portraits, dont Louis XV.   7 - 12

enfant, par Drevet, le Régent à cheval, &c.

54 462 M. Boffuet, Evêque de Meaux, par le même, premiere épreuve.

7 462* Samuel Bernard, par Drevet.

6 463 L'Evêque de Metz, par Daullé, d'après Rigaud, premiere épreuve.

14 464 Trois Portraits, par Wille; le Cardinal de Tencin; un Seigneur Allemand, d'après Tocqué, avec infcription latine au bas; & le Comte de la Paliffe.

13 . 10 465 M. de Boulogne, Contrôleur Général, par le même.

12 466 Trois Portraits avant la lettre, Boucher, Colin de Vermont, & l'Actrice Defmarets.

245 . 3 467 Un portefeuille de différens Deffins & Eftampes, qui fera partagé.

F I N.

Lû & approuvé ce 12 Janvier 1774. COCHIN.

Vû l'Approbation, permis d'imprimer, ce 13 Janvier 1774. DE SARTINE.